NOTICE HISTORIQUE

SUR

LE CHEVALIER

DON JOSEPH-NICOLAS D'AZARA,

ARRAGONAIS;

Ambassadeur d'Espagne à Paris, mort dans cette Ville le 5 Pluviose an XII.

NOTICE HISTORIQUE

Sur le Chevalier Don Joseph-Nicolas d'Azara, Arragonais, Ambassadeur d'Espagne à Paris, mort dans cette Ville le 5 Pluviose an XII.

Il est des hommes qui, par la place qu'ils ont occupée, le mouvement qu'ils ont imprimé, les traces et les souvenirs qu'ils ont laissés, sont censés appartenir à l'Europe autant qu'à leur patrie.

Ce n'est pas seulement l'Espagne qui vient de perdre M. le Chevalier d'Azara ; ce sont les Arts et les Lettres ; c'est l'Italie, c'est la France, la France sur-tout contre laquelle il eut d'abord des préventions, que bientôt il jugea mieux, qu'il aima, où il contracta des liaisons qui lui furent chères, et où il est juste qu'il trouve aujourd'hui en retour des hommages et des regrets.

Don Joseph-Nicolas d'Azara naquit en 1731 à Barbunales, près Balbastro en Arragon. Il commença ses études à l'Université de Luesca, et les poursuivit à celle de Salamanque, avec un tel éclat, qu'il attira l'attention de Don Ricardo Wal, Ministre de Ferdinand VI, et en possession alors du principal crédit. Ce Ministre offrit à Don Nicolas (c'est ainsi qu'on l'appela pendant long-temps) une place dans la Magistrature, dans l'Armée, ou dans le Département des Affaires Etrangères, à son choix. Don Nicolas choisit cette dernière carrière, et fut nommé en 1765, Agent auprès du St. Siège. C'est à cette époque que commence une carrière qui n'a cessé d'acquérir de plus en plus de l'importance, et que nous allons considérer 1°. sous le rapport des Arts et des Lettres, 2°. sous celui de la Politique, et 3°. dans sa Vie et ses Relations privées.

I.

LE goût pour les Sciences et pour les Arts se manifesta chez M. le Chevalier d'Azara dès sa première jeunesse. Tous ceux qui sont familiarisés avec les Monumens de l'Antiquité ont connaissance du buste de Claude déifié, ceint d'une couronne rayonnante et soutenue par un aigle qui surmonte un monceau d'armes Britanniques et Germaniques. Ce buste qui avoit été découvert à la Frattochie (l'ancienne Boville) où étoit le Lararium de la famille Julia, avait été donné par le Cardinal Ascagne Colonna au Roi d'Espagne. Il se trouvait sans tête. M. d'Azara, encore jeune, découvrit dans un autre Château Royal, cette tête que le hasard avait détachée ; mais, malgré tous ses effots, il ne pût parvenir à la faire restituer à son buste. On voit dans un Voyage d'Espagne d'Antonio Ponz, que même en 1776, le buste de Claude était demeuré tronqué.

L'Etude des langues anciennes est indispensable pour suivre avec fruit celle des Monumens. M. le Chevalier d'Azara s'y appliqua de bonne heure. Il possédait la langue latine, de manière à pouvoir l'écrire correctement. Long-temps il avait négligé la langue grecque, mais il sentit la nécessité d'y reporter son application, et bientôt il se mit en état d'expliquer facilement les citations ainsi que les inscriptions grecques.

Il était encore en Espagne, lorsqu'il se lia d'amitié avec un peintre fameux, né en Saxe, mais que Rome et l'Espagne se sont disputé, et qui a enrichi les deux pays de ses chef-d'œuvres. Il est très-probable que *Mengs* a dû à l'amitié protectrice de M. d'Azara une partie de ses talens, de ses succès et de sa renommée. Sans elle il eut ignoré tout ce qu'il valait, et le découragement l'eut condamné, peut-être, à la médiocrité.

Quoi qu'il en soit, la liaison qui s'était formée entr'eux à Madrid, devint plus intime à Rome. Cette liaison fortifia dans M. le Chevalier d'Azara son goût pour les Beaux Arts. Il acquit de nouvelles lumières. Mais, en même temps il adopta certaines maximes générales qui, quoique justes et solides, n'en sont pas moins difficiles à l'application et entraînent à des erreurs inévitables, quand on ne veut leur laisser aucune exception. Ces maximes ont toujours retenu le Chevalier d'Azara sur la ligne du bon goût ; mais elles ont été aussi la source de quelques opinions exagérées, et de quelques jugemens trop sévères.

Ce fut à la mort de Charles III, que le goût de M. d'Azara pour les Arts eut occasion de se développer. Il fit ériger dans l'Eglise de St. Jacques de la Nation Espagnole, un Temple monoptère carré, du même ordre dorique que le Parthénon d'Athènes. Un Temple monoptère est un Temple tout à jour, soutenu par des colonnes, et qui n'a point de murs qui en renferment la *Celle*. Le Cénotaphe du Roi était dans ce Temple, et l'urne était copiée d'après le superbe tombeau en porphyre, qu'on appelle à Rome le *Tombeau d'Agrippa*.

Cette décoration funèbre, d'un style antique et austère, devait faire une grande impression. Elle ne fut pourtant pas à l'abri des censures. M. le Chevalier Boni, intendant des Bâtimens du Grand Duc de Toscane, qui aujourd'hui occupe la même place à la Cour d'Etrurie, lut dans quelques Sociétés une critique de ce modèle, écrite avec tous les égards dus à un tel adversaire ; il prétendait principalement que l'antiquité n'avait connu que des monoptères circulaires.

Il est sûr que Vitruve ne parle point de monoptères carrés, et on pouvoit en conclure qu'un monument de cette forme ne fut jamais dans le bon goût antique. M. d'Azara avait de bonnes raisons à opposer ; mais il voulait alléguer avant tout des exemples et des autorités. Un Antiquaire de ses amis eut le bonheur de découvrir précisément ce qu'il cherchait. Il cita, dans une note qui fut publiée, l'exemple d'un monoptère carré, érigé à Olympie à la mémoire d'Oxylus, et décrit dans Pausanias.

Quelques personnes ont pensé que le goût de M. d'Azara pour l'Antique n'était pas toujours sûr. Le goût le plus éclairé peut se trouver mélé à des préventions. Celui de M. d'Azara fut nourri par de longues études et des recherches constantes. Il avait entrepris avec M. le Prince de Santa-Croce, des fouilles à Tivoli. Le lieu qu'ils choisirent fut celui de la campagne des anciens Pison. On eut le bonheur d'y découvrir une quantité de têtes appartenant à des portraits d'hommes illustres. C'était, comme on sait l'ornement des maisons de plaisance des anciens Romains. La plupart de ces têtes en marbre étaient sans buste et par conséquent sans inscription qui en marquât le sujet. Il faut en excepter celle d'Alexandre-le-Grand, morceau précieux, parce qu'il est le seul portrait bien authentique de cet immortel conquérant. Sa destinée était d'appartenir à un Héros non moins célèbre. Le Chevalier d'Azara s'empressa d'en faire hommage au Premier Consul. Ce monument, unique dans son genre, fait aujourd'hui partie de la collection du Muséum, auquel le Premier Consul l'a donné.

L'ardeur de M. d'Azara pour les recherches savantes, n'était pas épuisée; elle tenait à une passion, et dans les ames d'une certaine trempe, les passions ne finissent qu'avec la vie. Peu de jours avant sa mort, le Chevalier d'Azara s'occupait encore de son prochain Voyage à Tivoli, et des fouilles qu'il se proposait d'y poursuivre.

M. d'Azara, plein de zèle pour les monumens antiques, en avait aussi pour les Sciences. Il avait cultivé l'Histoire naturelle et la Chimie; il avait même essayé, avec Volpato, graveur célèbre, de faire de la porcelaine, et d'en perfectionner le vernis. L'Histoire moderne lui était familière, particulièrement la partie qu'on peut appeler diplomatique. Il avait des connoissances très-étendues sur l'Histoire d'Espagne, tant générale que particulière. Il écrivait sa Langue avec grace et énergie; il écrivait aussi l'Italien et le Français avec facilité,

(9)

En considérant M. d'Azara comme écrivain, on ne
connait d'ouvrage entièrement de lui , que la traduction Espagnole de la Vie de Cicéron, par Midd-
leton, qu'il fit d'après l'original anglais, et qu'il
enrichit de notes savantes. Il l'orna en même tems
de plusieurs monumens gravés en taille douce,
qui pour la plupart, représentent les portraits des
personnages illustres dont il est fait mention dans
cette Histoire. Ce fut à cette occasion qu'il publia
le premier portrait authentique de l'orateur Q. Hor-
tensius, le rival de Cicéron. Ce portrait est dessiné
d'après un petit hermès, qui se trouve à la *Villa
Albani*, et qui est marqué d'une inscription antique. Le style de la traduction espagnole de la Vie
de Cicéron est particulièrement remarquable par sa
noblesse et sa correction.

La Vie du peintre *Mengs*, qui se trouve à la tête
des écrits de cet artiste, publiés à Parme, en deux
volumes *in*-4°., est aussi de M. d'Azara. On a dit
que dans cette Vie il avait exagéré un peu le mérite de son ami, qui, au surplus, n'était point un
artiste ordinaire. On a dit encore qu'il avait porté
des jugemens un peu tranchans sur les grands
peintres des trois derniers siècles. Mais les remarques que M. d'Azara a publiées, ne sont pas
toutes de lui. Une partie a été rédigée par M. Milizia, Napolitain, et homme de beaucoup d'esprit,
qui avait été aussi le rédacteur des écrits de *Mengs*,
d'après des manuscrits ébauchés et très - informes.
Milizia n'a pas craint de renchérir dans ces notes
sur l'humeur caustique et sur les exagérations de
Mengs.

J'ai parlé du beau monument érigé dans l'Eglise de St. Jacques, à l'occasion de la mort de Charles III. M. d'Azara crut devoir y ajouter un éloge funèbre de ce Prince en langue espagnole. Cet éloge est recommandable par la justesse avec laquelle le caractère du Prince est développé, ainsi que par l'exactitude des faits et des anecdotes. Son Bibliothécaire Arteaga le traduisit en latin. Mais comme il en avait fait une espèce d'Oraison funèbre pompeuse, le Ministre qui n'avait voulu donner qu'une notice biographique dans le goût de Cornélius Nepos, lui fit recommencer son travail.

On peut citer de M. d'Azara quelques remarques sur l'ouvrage anglais de Bowles, relativement à l'Histoire naturelle de l'Espagne. Il avait aussi traduit dans sa Langue le 6e livre de Pline, relatif aux Arts ; il avait encore commencé la traduction de Sénèque le philosophe, et composé quelques Fables espagnoles. Ces écrits n'ont pas vu le jour.

M. d'Azara, distingué comme homme de goût et comme écrivain, n'est pas moins recommandable sous le rapport de l'appui qu'il accorda aux artistes et aux hommes de Lettres. Il faisait ses délices de leur société ; il les appuyoit de sa protection, puissante en Espagne, et toute-puissante à Rome ; il leur rendait accessibles les trésors que Rome renferme, soit dans la Bibliothèque du Vatican et dans les Musées du Pape, soit dans les riches Collections de manuscrits, d'antiquités et d'autres objets appartenant aux Arts, qui se trouvent dans les grandes maisons de cette Ville célèbre. Il les garantissait des

persécutions, auxquelles les hommes qui se dis-
tinguent, dans quelque carrière que ce soit, sont
trop souvent exposés dans ce pays. Il leur faisait
obtenir du travail ou des places ; enfin, pour être
plus à portée de connaître, soit leurs vues, soit
leur situation, il les réunissait tous les mercredi à
sa table. Les plus intimes étaient admis les ven-
dredi. En général les étrangers que l'amour des
Arts attirait à Rome, et qui lui étaient présentés,
recevaient de lui toute sorte de marques de dis-
tinction et de bienveillance.

Ce sentiment n'était altéré par aucune autre
disposition. M. d'Azara était connu pour ne pas ai-
mer les Jésuites, et néanmoins tous ceux de cet
Ordre, qui s'étaient fait un nom dans les Lettres et
dans les Sciences, reçurent de lui en Italie, secours
et protection. C'était assez d'un ouvrage, qui rem-
portât l'approbation des gens instruits, pour que
l'ex-Jésuite, qui en était l'auteur, vît sa pension
doublée et quelquefois triplée. Les abbés Bisso,
Andrés, Requeno, Eximeno, Clavigero, Ortiz,
une foule d'autres éprouvèrent ses bienfaits. J'au-
rais dû citer avant tous Arteaga qui devint en
outre son Bibliothécaire et son ami.

Le Chevalier d'Azara comptait au nombre de ses
amis, le Prélat Borgia, aujourd'hui Cardinal,
protecteur des Gens de Lettres, et Homme de
Lettres lui-même, très-distingué par son érudition
Sacrée et Profane. On cite, au sujet de ce Prélat,
une anecdote intéressante. Il était tombé dans la
disgrace de Pie VI, parce que sous Clément XIV,

il avait paru ennemi des Jésuites. Les membres de cet ordre conservaient un grand crédit auprès du nouveau Pape. Le ministre mit un zèle infatigable à faire rendre au prélat Borgia les bonnes graces du Pontife, et il y réussit.

M. Visconti éprouva aussi, dans une circonstance assez singulière, les effets de sa bienveillance. Le Pape était irrité contre lui, parce qu'étant prélat du palais, il avait quitté l'état eccésiastique pour se marier. M. d'Azara fit revenir le Pape de ses préventions, au point de faire nommer M. Visconti directeur du Musée du Capitole, place, qui toujours avait été remplie par des personnes d'une grande considération.

J'ai parlé d'un grand nombre d'hommes de lettres et d'artistes distingués, qui ont éprouvé les effets de la protection de M. d'Azara. On ne peut ignorer que *Mengs* ait été à cet égard au premier rang. Ce fut par le crédit de ce Ministre, que *Mengs* obtint du Roi d'Espagne de pouvoir rester à Rome, et cependant de conserver le traitement de six mille piastres qu'il avait comme premier peintre du Roi,

A la mort de cet artiste qui, malgré sa fortune, laissait, par son dérangement, une famille pauvre, M. d'Azara devint le père de cette famille ; il obtint de sa Cour des pensions pour tous les enfans de Mengs ; il fit placer, à des prix fort hauts, le peu d'esquisses, de dessins et de tableaux non achevés, que Mengs laissait, et il n'a jamais cessé de protéger ses enfans. Sa bienveillance s'étendit même à ses élèves. Dans ce nombre il affectionna principa-

lement M. Lastanosa, Espagnol; il lui fit peindre,
dans le plafond d'un cabinet du palais d'Espagne,
un philosophe qui va voir un homme d'Etat. Le
portrait de Milizia se reconnait dans la figure du
philosophe, tandis que dans la phisionomie de
l'homme d'Etat, on a cherché à rendre celle du
Ministre.

Ce Milizia dont j'ai déja parlé était un des intimes amis de M. d'Azara; il était, comme je l'ai
déja dit, homme d'esprit, d'une humeur cynique
et grand connaisseur en architecture; il a publié
divers ouvrages sur cet art et sur l'histoire et la
vie des architectes; ses principes et ses jugemens,
qui paraissent d'une sévérité exagérée, semblent
calqués sur les dispositions connues de Mengs et de
M. d'Azara. On peut les excuser par le style cor-
rompu qui régnait depuis long-tems dans les écoles
d'architecture à Rome.

I I.

C'est en Italie et sous le Pontificat de Clément XIII, que M. d'Azara débuta dans la carrière politique. Il ne fut employé d'abord qu'en qualité d'agent pour les affaires ecclésiastiques auprès de ce qu'on appelle à Rome la Daterie du Pape. Cette place subordonnée s'aggrandit peu à peu dans ses mains par la confiance de la Cour, qu'il sut obtenir exclusivement, et par les affaires importantes qu'il eut occasion de traiter. Il acquit ainsi en peu d'années une considération à laquelle on vit les savans, les artistes, les seigneurs, les cardinaux, les souverains même rendre hommage. Lors de son premier voyage en 1769, Joseph II parût frappé de la sagesse, des vues, du savoir du Chevalier d'Azara. Dans son second voyage en 1783, le Chevalier d'Azara fut la première personne que ce souverain voulut voir et consulter.

Les querelles avec la Cour de Parme, l'abolition des Jésuites, la mort de Ganganelli, la nomination de Pie VI, lui fournirent les premières occasions d'exercer et de faire connaître son habileté. Le plus important de ces événemens fut l'abolition des Jésuites. Munhino, envoyé à Rome pour vaincre la répugnance du Saint-Siége, distingua facilement le mérite d'Azara ; et lorsque revenant en Espagne pour prendre la place de premier Ministre, il se fit remplacer par l'Ambassadeur Grimaldi, il n'en laissa pas moins au Chevalier d'Azara la direction des affaires. Ses talens étoient connus. Dans une circonstance aussi épineuse, ils étaient nécessaires. Les intéréts politiques et religieux du Royaume Catholique ne pouvaient être confiés à de plus habiles mains. Grimaldi fut l'Ambassadeur apparent, mais le Chevalier d'Azara était le véritable agent de sa Cour. Bientôt après le Comte Grimaldi mourût, et le Chevalier d'Azara n'eût plus à réunir aux fonctions de sa place que le titre qui lui manquait.

La mort et la maladie de Clément XIV suivirent de près l'abolition de l'ordre des Jésuites. Cette mort paraît avoir attiré extrêmement l'attention du Chevalier d'Azara. Il avait eu le plus grand soin, dès le commencement de la maladie du Souverain Pontife, de demander au Docteur Adinosti un rapport journalier de l'état de sa santé. D'après ces rapports et divers autres renseignemens qu'il avoit recueillis, il se croyait assuré que Clément XIV n'était pas mort d'une maladie naturelle. Il est toujours resté dans cette opinion.

Le Chevalier d'Azara contribua beaucoup à la nomination de Pie VI : il eût quelquefois à s'en plaindre. Depuis long-tems le Ministre d'Espagne et le Ministre de France étaient en possession d'influer sur les affaires de Rome. Pie VI, tour-à-tour facile et obstiné, n'aimait point à s'appercevoir de cette influence. Son secret penchant pour les Jésuites l'engagea avec les deux Ministres dans de fréquens débats. Bernis, modéré par caractère, se bornait aux instances filiales ; d'Azara, représentant d'une

Cour où l'on craignait encore plus qu'à Versailles le retour de la société, était obligé de prendre une attitude plus ferme.

C'est à la suite du voyage de Vienne que Pie VI dissimula moins son inclination pour les Jésuites. Séduit par l'accueil qu'il avait reçu, et que ses discussions antérieures avec les Ministres des deux Cours ne lui avaient point fait espérer, Pie VI se croyait sûr de l'appui de l'Empereur. Il crut pouvoir se dispenser alors de ménagement. L'événement montra bientôt que cette confiance était illusoire.

On sait que Joseph II revint à Rome en 1783. Il fit appeler aussitôt le Chevalier d'Azara, et lui confia, dans le plus grand détail, le plan général de réforme qu'il avait conçu pour ses états. L'exécution de ce plan devait porter le coup le plus funeste aux droits du Saint-Siége. Le Chevalier d'Azara, qui croyait avoir de graves sujets de plainte contre le Pape, n'en combattit pas moins avec chaleur ce qui lui paraissait outré dans ce plan, et son avis fit heureusement impression sur l'esprit de l'Empereur.

Dans la querelle du Saint-Siége avec les Electeurs ecclésiastiques, dans celle qui s'éleva avec la Cour de Naples, ainsi que dans quelques circonstances relatives à la nomination des principaux Ministres de la Cour de Rome, le Chevalier d'Azara eut un système de conduite qui le fit tantôt rechercher, tantôt craindre, toujours estimer.

Ce qu'il y a de remarquable, c'est que le choix du Cardinal Zélada passe pour avoir été déterminé par l'influence de ce Ministre. Il n'eut pas à s'en applaudir. Cette époque, qui est celle de la Révolution française, est aussi celle où le crédit du Chevalier d'Azara commença sensiblement à s'affaiblir.

Le Chevalier d'Azara avait acquis assez généralement la réputation de philosophe. Cette réputation qui ne prenait peut-être son origine que de son intervention dans l'affaire des Jésuites, le rendait suspect dans des démêlés où la religion et ses intérêts les plus délicats semblaient touchés. Dans cette crise importante, le Pape remit les rênes de son gouvernment à une congrégation de Cardinaux, et cette congrégation choisit pour agent principal un homme de loi nommé Barberi, porté aux mesures violentes. Cette circonstance multiplia les orages sur le Saint-Siége; elle embarassa aussi la position du Chevalier d'Azara.

Cependant il pouvait encore lutter avec succès contre les difficultés; mais bientôt survinrent les événemens de 1796. Les Français occupaient alors le Nord de l'Italie; ils étaient prêts à se porter sur Rome, où la Nation française avait été insultée: l'intercession d'Azara devint la seule ressource; pressé par les sollicitations du Pape, le Ministre part pour Milan; il est obligé de traverser une armée de paysans insurgés; il reçoit une forte contusion à la tête, et n'en poursuit pas moins sa route malgré les insultes et les dangers; il parvient à joindre le général Bonaparte à Bologne.

D'Azara fut apprécié par Bonaparte, comme il

l'avait été par Joseph II. C'est de cette entrevue que datent les premières impressions que fit sur lui l'homme qui a été l'objet de sa plus constante admiration ; il ne put cependant atteindre dans ce voyage le but qu'il s'était proposé comme négociateur. Ce qu'il obtint suffisait au salut de Rome, mais ce salut, pour des esprits prévenus, parût acheté trop cher ; l'ingratitude fut le seul prix offert au courage et au zèle du seul ami sincère et utile qu'eût alors le Saint-Siége.

Il éprouva bientôt d'autres amertumes.

Les armées françaises obtenaient-elles un succès ? tout était tranquille à Rome ? Éprouvaient-elles un revers, tout s'y agitait ? Dans ce flux successif de terreur et d'espérance, d'Azara était tour-à-tour écarté et appelé ; et quoiqu'il fût toujours le dernier objet d'espoir, il était pourtant un objet constant de méfiance. Le massacre d'un général français, la confusion du pays et la destruction du gouvernement Papal, qui en fût le résultat, déterminèrent enfin sa retraite à Florence.

Ce n'est pas sans peine que le Chevalier d'Azara se vit forcé de renoncer à des habitudes de trente-trois ans. Cet événement, douloureux pour lui à tant d'égards, fut pourtant marqué par une circonstance dont il a toujours aimé à rappeler le souvenir. C'est à cette époque qu'il fit connaissance avec l'Ambassadeur de France, Joseph Bonaparte. Cette mesure de sagesse, cet esprit de discernement et de conciliation, qui devaient bientôt donner à la France un de ses plus habiles et de ses plus heureux

négociateurs, furent facilement apperçus et promp-
tement appréciées par le Chevalier d'Azara ; ils de-
vinrent les fondemens d'une liaison qu'il n'a cessé
depuis de chérir et de cultiver.

Éloigné de ses amis, de ses livres, de ses tableaux, Paris sembla d'abord le dédommager de ses
pertes ; artistes, savans, gens de lettres, hommes
d'Etat, tout se plût à environner d'hommages le
patriarche des Arts et de la Politique. Il se lia sur-
tout intimement avec un de nos Ministres, dont la
société était devenue la plus douce consolation de
sa vieillesse. Accoutumé depuis long-tems à se faire
une jouissance journalière de ses habitudes sociales,
la fréquentation assidue d'un homme, qui attachait
à-la-fois son esprit et son cœur, était pour lui un
besoin de tous les jours, et il manquait rarement
d'y satisfaire.

Le Chevalier d'Azara était Espagnol avant tout ;
mais sa sage politique lui avait fait embrasser les
intérêts de la France qu'il croyait identifiés avec
ceux de sa patrie. On ne sait si cette double disposition a toujours été impartialement appréciée ; ce
qui est certain, c'est que pendant une grande partie de la durée de sa mission à Paris, il n'a cessé de
flotter entre la disgrace et les succès.

Au moment où il fut exilé à Barcelone, il se
croyait sûr de la bienveillance de son gouvernement.
Bientôt le ministère change, il revient en faveur.
A peine de retour à Paris il est de nouveau l'objet
du mécontentement de sa Cour ; cette seconde de-
faveur s'efface comme la première ; mais, à une

troisième reprise, on lui ôte son Ambassade. C'est la fin de sa carrière politique; c'est aussi la fin de sa vie. M. d'Azara aimait extrêmement son pays; mais on assure que sa franchise dépassait quelquefois, si ce n'est les bornes de la modération, au moins celles de la prudence.

On apprendra avec plaisir que les loisirs que lui laissa son exil à Barcelone, furent employés à composer des mémoires où se trouveront les résultats de sa longue expérience, ainsi que le récit d'une multitude de faits qui se sont passés sous ses yeux ou avec son concours. Il faut espérer que des mémoires aussi précieux verront le jour.

I I I.

Après avoir parlé de M. d'Azara sous le rapport
des Arts et de la Politique, ce qui reste à dire de
sa vie privée, ne semble pas avoir beaucoup d'importance ; cependant il est des traits de caractère
qui peuvent être remarquables, lorsqu'ils décèlent
une ame forte et un esprit élevé.

La nature s'était plu à favoriser M. d'Azara autant
que la fortune. Sa stature était moyenne, mais sa
figure était remarquable par la régularité des traits,
ainsi que par cet air imposant qui éveille l'attention et appelle le respect.

Il est des personnes dont les vertus douces et le
naturel aimant, peuvent avoir inspiré plus généralement l'affection ; il en est peu qui, plus que lui,
aient été doués de ce caractère ferme, de ces qua-
lités solides, qui commandent la déférence et la
considération.

L'activité de son esprit suffisait à tout. Moins
austère que son premier abord ne l'annonçait, il
a connu, dans sa jeunesse sur-tout, la dissipation
et les plaisirs, jamais l'oisiveté.

Il avait une rare précision dans les idées et dans
les expressions. Il avait sur-tout un talent particu-
lier pour peindre par la parole, je ne dirai pas
avec un coloris brillant, mais du moins avec de
fortes touches. Michel Ange et Raphaël semble-
raient avoir été ses modèles. Dans tous les genres .

force et correction était la devise de son école. Ce qui n'était que *fini* et *maniéré*, dans quelque genre que ce fût, ne pouvait trouver grace devant lui. Son long séjour dans la patrie des arts, ses relations suivies, avec ceux qui les cultivent, l'importance du rôle qu'il jouait, lui avaient acquis une espèce de dictature qu'il n'exerçait pas sans prétention, mais à laquelle on se soumettait sans effort.

Inébranlable dans ses sentimens comme dans ses opinions, énergique quelquefois jusqu'à l'obstination, plus dominateur qu'entraînant, plus propre et plus enclin à convaincre qu'à persuader, plus disposé à décider qu'à discuter, quand il n'enlevait pas les moyens de la réplique, il en affaiblissait le courage. Au reste, fidèle à son pays, à ses amis, à sa parole, s'il a quelquefois sévèrement traité ceux qui se livraient à lui, il ne les a jamais ni trahis, ni abandonnés. Il conservait en Espagne des liaisons intimes qui dataient de plus de quarante ans.

M. d'Azara était abondant et disert quant la matière l'inspirait. Au peu de ménagement avec lequel il lui arrivait quelquefois de s'expliquer, on eut été tenté de le croire indiscret, mais ce ne fut jamais sur des choses réellement importantes. Il avait fait à Rome un long apprentissage de la circonspection. Personne ne savait être plus impénétrable quand il devait l'être. Réservé avec l'air de l'abandon, délié sous le déhors de la brusque franchise, il ne peut être malgré cela, avec justice

accusé de fausseté. Il eut la finesse qui déguise,
la finesse qui devine, mais jamais la finesse qui
trompe.

Quelles qu'ayent été ses opinions secrètes, qu'il
serait téméraire, même à ses amis intimes, de qua-
lifier, sa conduite extérieure a été constamment
irréprochable. Jamais il ne dérogea à la dignité de
son caractère public, ni aux lois de la Religion
dans laquelle il était né, et dans laquelle il est
mort. C'est lui qui fit publier par Bodoni, en
quatre formats différens, le poëme posthume du
Cardinal de Bernis, intitulé *la Religion vengée.*

Il subit la mort comme il avait subi les revers. Sa
dernière disgrace avait été précédée par les symptô-
mes d'une maladie, que tout le monde, excepté lui,
avait jugé mortelle. Son sang s'était visiblement dé-
composé, ses jambes s'enflaient. Une pâleur livide
défigurait des traits, qui, dans un âge avancé, conservaient encore de la noblesse. On y retrouvait l'i-
mage d'une de ces belles têtes antiques, dont il fut
si long-tems l'admirateur enthousiaste et l'appré-
ciateur éclairé. Près de sa fin, son ame conservait de la vigueur, et tenait encore à l'espérance.
Il parlait sans cesse du retour du printems; il se
flattait de la revoir cette Italie, où il avait passé
des jours si pleins et si heureux. Tout entier au
souvenir des chef-d'œuvres de peinture et de scul-
ture, qu'il avait recueillis à tant de frais et avec
tant de goût, il renonçait à cette politique qui
avait amassé tant d'orages sur le soir de sa vie ; il
ne voulait plus vivre que pour les Arts, le repos

et l'amitié ; et sa plus chère illusion était enfin de prolonger, de quelques années, le charme de ce sentiment, qui depuis si long-tems l'attachait à Madame la Princesse de Santa Croce et à sa famille. Le sort lui a refusé de réaliser cette douce illusion.

Mais du moins il n'a pas éprouvé les angoisses, qui précèdent ordinairement notre fin. S'il a pressenti la sienne, ce n'a été que pendant quelques instants. La veille du jour où il fut enlevé à la vie, un froid subit le saisit. On l'approche de son foyer pour lui rendre quelque chaleur : tentative impuissante ! C'était le froid de la mort. Il ne s'y méprend pas. Un de ses frères était auprès de lui. *Mon frère*, lui dit-il avec sérénité, *de l'état où je suis à la mort, il n'y a qu'un pas, je vais le faire.* Un geste acheva sa phrase. Ce geste n'annonçait pas simplement cette sorte de résignation, qui est quelquefois l'apanage de la faiblesse ; mais cette indifférente fierté avec laquelle une ame forte sait envisager le néant des choses humaines.

Après avoir perdu l'usage de la parole, il a conservé jusqu'au dernier moment celui de sa raison. Pas un signe de douleur, pas un symptôme d'effroi. Le soir qui précéda sa dernière journée, il put tendre encore la main, et dire adieu à trois de ses amis les plus chers, le Cardinal Caprara, M. Marescalchi et le Chevalier Angiolini. Ils le quittèrent consternés, sans espérer de le revoir.

Dans la matinée suivante, un prêtre fut appelé auprès de lui, il écouta ses exhortations. Les secours spirituels lui furent administrés. A cinq heures du soir, le 26 Janvier, il cessa de vivre. Ses restes furent d'abord portés dans l'église de Saint Jean, succursale de Saint Roch, et ensuite déposés dans le cimetière de Montmartre. Un cortège nombreux accompagna son cercueil. Ce dernier hommage de l'estime et de l'amitié a dû suffire à ses mânes.

Il a laissé une fortune considérable, non en terres, mais en capitaux, meubles, tableaux, bustes, pierres gravées et autres productions des Arts. C'est le fruit de ses longues épargnes, des circonstances politiques où il s'est trouvé, de quelques spéculations aussi légitimes que profitables. Il ne lui restait rien de son patrimoine. Il avait abandonné à ses frères sa portion dans l'héritage de leur père. Le seul bien fonds, qu'il ait possédé, est une maison à Rome.

Au sein des richesses et des dignités, il a manqué au Chevalier d'Azara un des plus doux liens qui attachent à la vie; il est mort sans postérité. Il lui reste une sœur, deux freres et plusieurs neveux. Un de ses frères, Don Francisco, vit en Arragon, du patrimoine de sa famille. L'autre, Don Félix, savant naturaliste, a fait récemment connaître à l'Europe les quadrupèdes et les reptiles du Paragay, où il a passé plus de vingt ans. Il était venu depuis quinze mois à Paris retrouver un frère, dont il avait été séparé presque toute sa

vie. C'est lui qui l'a assisté dans ses derniers mo-
mens. Il versera long-temps des pleurs sur la
tombe d'un homme qui a honoré sa famille et son
pays.

F I N.